Falten mit

Papier

Überraschend bunte Vielfalt aus einfachem Material

Inhalt

SÜDWEST

Bunte Papierwelt

Fünf Grundregeln für erfolgreiches Papierfalten:
1 Falte immer auf einem festen und glatten Untergrund.
2 Sieh dir aufmerksam die einzelnen Schritte an, bevor du ein Projekt beginnst.
3 Versuche, alle Falten so genau und gerade wie möglich auszuführen.
4 Verstärke entstandene Falten, indem du sie mit dem Daumennagel glatt streichst.
5 Behalte bei jedem Faltgang die nachfolgende Arbeitsskizze im Auge, denn sie zeigt dir, zu welchem Faltergebnis du kommen sollst.

Ein Blatt Papier ist der Ausgangspunkt für viele Möglichkeiten der kreativen Gestaltung. Papier kann man bemalen, beschriften und bekleben, auch reißen, schneiden und zum Modellieren verwenden. Für viele Künstler, die dieses Material verarbeiten, ist es daher von unschätzbarem Wert. Das Gestalten mit Papier erfordert kein Spezialwerkzeug, ja manchmal sogar nicht einmal ein Hilfsmittel – ein paar Knicke und Falten genügen, um es in eine andere Form zu bringen. Es ist immer wieder faszinierend, wie aus einem flachen Stück Papier in kurzer Zeit eine plastische Form, eine reale Figur entsteht: eine Schachtel, ein Haus, ein Schiff oder ein Windrad. Papier zu falten kann so spannend sein, dass du alles um dich herum vergisst.

Die Projekte in diesem Buch zeigen, wie du einfach Schritt für Schritt viele schöne Formen und Figuren falten kannst. Natürlich steht beim Papierfalten die Freude am Gestalten und am praktischen Tun im Vordergrund. Aber die Modelle dieses Buches sind durchaus auch für praktische Zwecke, als Dekoration oder zum Spielen gedacht. Beim Blättern im Buch fallen dir bestimmt zahlreiche Möglichkeiten ein. Sicherlich entdeckst du bei deinen Faltversuchen immer wieder neue Formen, in denen du Gegenstände oder Figuren deiner Umwelt wieder erkennst. Es muss auch nicht beim Nachfalten bleiben. Mit etwas Übung kannst du bald selbst neue Modelle und Figuren entwickeln.

Zur Geschichte des Papierfaltens

Das Falten von Papier ist vermutlich so alt wie das Papier selbst und eng mit ihm verbunden. Anfang des zweiten Jahrhunderts unserer Zeitrechnung erfanden die Chinesen das Papier in seiner heutigen Form, und damit nahm die Geschichte des Papierfaltens ihren Lauf. Bei uns blickt das Falten von Papier auf eine lange Tradition zurück. Formen wie Helm, Becher, Flieger oder Schiffchen gibt es schon seit mehreren Jahrhunderten. In Japan zählt es zu einer der höchsten und ältesten Künste und wird »Origami« genannt. Origami spielt eine wichtige Rolle bei religiösen Zeremonien und Ritualen. Es reicht von einfachen Formen bis zum Falten kompliziertester Figuren, die selbst der Architektur und der Technik als Anregung dienen. Das Wort »Origami« leitet sich ab aus dem japanischen »ori« für »falten« und »kami« für »Papier«. Im Zentrum der Origami-Kunst steht die reine, nur durch das Falten erzielte Form. Einziges Gestaltungsmaterial ist das Papier.

Um das »Teufelchen« falten zu können, braucht man etwas Übung.

Seit diese fernöstliche Kunst vor ungefähr einem halben Jahrhundert in Europa bekannt wurde, hat ihre Ausbreitung erstaunliche Ausmaße angenommen. Auch in dieses kleine Faltbuch wurde der Formen- und Ideenreichtum des Origami aufgenommen. Es wurde kombiniert mit traditionellen Modellen und Techniken aus unserem Kulturkreis, bei denen auch Hilfsmittel wie Schere, Klebstoff oder Schnüre verwendet werden. Wenn du möchtest, kannst du einige Faltformen auch bemalen.

Du kannst das Papier auch vor dem Falten bearbeiten – wässern, verwaschen und dann trocknen, einfärben, bleichen oder zerknittern – und so dein ganz persönliches Faltpapier herstellen.

Kleine Papierkunde

Es gibt eine unendliche Auswahl von Papiersorten. Sie unterscheiden sich durch Gewicht, Struktur, Musterung, Farbgebung, Verhalten und Dicke. Welches Papier sich am besten für welchen Entwurf eignet, findest du jeweils unter »Material« aufgeführt. Wenn du mehr über die verschiedenen Eigenschaften von Papier erfahren willst, kannst du mit unterschiedlichen Papiersorten experimentieren und auch einmal ungewöhnliches Material testen: Geschenk- oder Seidenpapier, Tapetenreste, Zeitungspapier, Fahrkarten, Alufolie u. v. m. Suche dir eine Mappe oder Schachtel, in der du alles sammelst.
Für alle Falttechniken dieses Buches eignet sich Origami-Papier. Es ist besonders leicht, reißfest und glatt. Dieses speziell für das Falten entwickelte Papier wird im Handel in unterschiedlichen Größen und in einer großen Farbpalette, zum Teil mit wunderbaren Mustern und Strukturen, angeboten. Die Suche nach dem schönsten Papier lohnt sich also.
Für einige Formen verwendest du aus Stabilitätsgründen Tonpapier oder Bastelkarton, die du nach Anleitung entsprechend zuschneidest.

Ein paar Knicke und Falze lassen eine Form entstehen.

Die Bonbonschale

In diesen farbenfrohen Schalen finden sicher viele Süßigkeiten Platz. Wären sie nicht eine tolle Tischdekoration für deine nächste Geburtstagsparty? Aus Tonkarton gefaltet werden die Schalen noch stabiler. Nach dem Falten ziehst du einen Faden aus Wolle oder Bast in die Ecken ein, um die Bonbonschale in Form zu halten.

Material
Tonkarton, quadratisch (z. B. 20 x 20 cm)
Lineal und Bleistift
Nagelschere und Sticknadel
Bast; Schnur oder Wollfaden

Die Schale sieht mit einer bunten Kordel besonders hübsch aus. Flechte einfach drei Fäden aus Wolle oder Bast zu einem Zopf und sichere die Enden mit etwas Klebeband. Nachdem du die Kordel in die Schale eingezogen hast, bestimmst du die Länge und sicherst die Enden mit einem Knoten.

1 Zuerst markierst du an jeder Seite einen 5 cm breiten Rand. Über diese Linien ziehst du mit dem Scherenrücken Falzrillen in den Karton. Falte jede Seite ein und klappe sie wieder auf.

2 Nun wendest du das Quadrat und zeichnest von den sichtbaren Falzrillen aus eine Diagonale in jede Ecke. Ziehe auch über diese vier Linien mit dem Scherenrücken Falzrillen in den Karton.

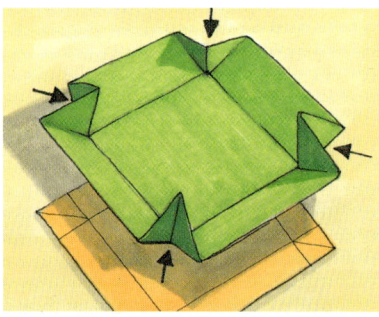

3 Das Quadrat wieder wenden. Falte nun die Seitenwände nach oben. Dabei drückst du gleichzeitig die Ecken zur Mitte. Richte die Eckkanten im rechten Winkel nach oben aus.

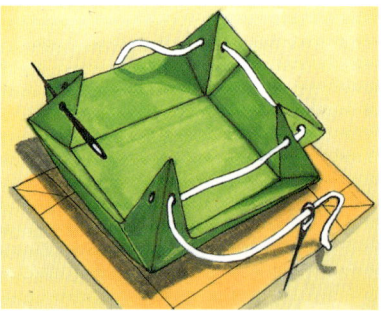

4 Nun stichst du mit der Sticknadel 2 cm unterhalb der Ecken und im Abstand von 1 cm Löcher vor. Ziehe rundum einen Faden ein und verknote anschließend die Enden miteinander.

Gefüllt sind sie am schönsten: die bunten Bonbonschalen aus Papier.

Das Giebelhaus

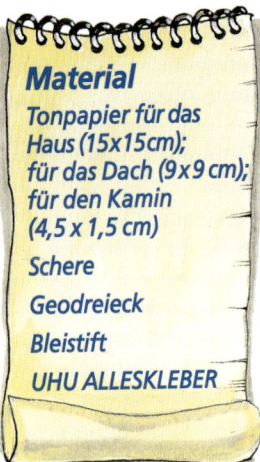

Material

Tonpapier für das
Haus (15x15cm);
für das Dach (9x9 cm);
für den Kamin
(4,5 x 1,5 cm)

Schere

Geodreieck

Bleistift

UHU ALLESKLEBER

Mit dieser einfachen Falttechnik kannst du dir dein eigenes kleines Dorf zusammenstellen. Jedes Haus besteht aus drei Teilen. Fenster und Türen kannst du zusätzlich aufmalen oder aufkleben. Mit einer Landschaft aus gefalteten Tannenbaumketten und ein paar Straßen aus Papier wird dein Dorf bestimmt ein beliebter Ort für viele lustige Spiele.

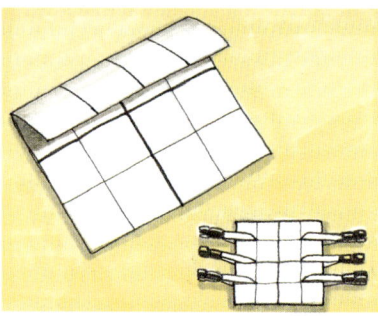

1 Für das Haus faltest du zuerst ein Mittelkreuz. Dann faltest du alle vier Seiten zur Mitte hin ein. Schneide an zwei gegenüberliegenden Seiten die Falzbrüche bis zum angrenzenden Falzbruch ein.

2 Für den Giebel legst du die beiden mittleren Quadrate übereinander. Jetzt faltest du die äußeren Quadrate nach unten und lässt sie 2 cm überlappen. Halte das Haus mit Kleber in Form.

Für die Bäume faltest du grünes Tonpapier in Zickzackfaltung. Zeichne auf die obere Papierlage einen Tannenbaum, dessen Zweigenden über den Faltenbruch hinaus verlaufen. Auf diese Weise bleiben die Bäume miteinander verbunden. Danach schneidest du durch alle Lagen die Form entlang den Linien aus.

3 Für das Dach faltest du einen Mittelbruch (a). Dann faltest du für den Kamin das Papier an einer Schmalseite 5 mm ein (b). Falte zweimal den Mittelbruch (c) und klebe den Kamin in Form (d).

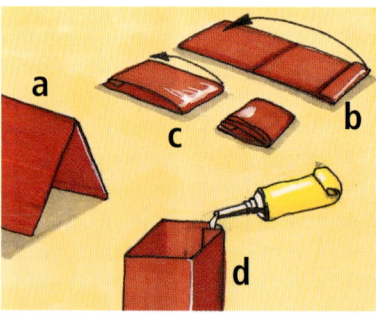

4 Nun klebst du das Dach auf das Haus und passt den Kamin der Dachform an: Schneide am unteren Ende an zwei gegenüberliegenden Seiten ein 5mm hohes Dreieck aus.

Die einfache Schachtel

Schwierigkeitsstufe *

In diesen Schachteln kannst du allerlei Krimskrams und kleine Kostbarkeiten aufbewahren. Um die Form zu stabilisieren, klebst du einfach zwei Schachteln ineinander. Für die Innenschachtel schneidest du das Papierquadrat etwas kleiner zu. Als Faltmaterial eignet sich Tonpapier, Bastelkarton, stärkeres Geschenkpapier oder auch ein Tapetenrest.

Material

Faltpapier, quadratisch (z. B. 18 x 18 cm); für eine Innenschachtel ca. 2 mm kleiner

Schere; Geodreieck und Bleistift

UHU ALLESKLEBER

1 Zuerst drehst du das Papier mit der linken Seite nach oben und faltest ein Mittelkreuz; anschließend faltest du nacheinander alle vier Seiten parallel zum entsprechenden Mittelbruch ein.

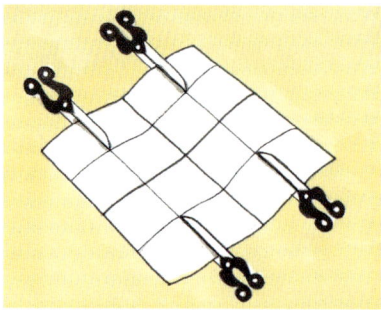

2 Nun nimmst du die Schere und schneidest an zwei gegenüberliegenden Papierseiten die beiden äußeren Falzbrüche ein: Schneide exakt im Bruch bis zum folgenden, kreuzenden Falzbruch.

Um deine Schachtel zu festigen, umklebst du den Schachtelrand mit einem schmalen, der Länge nach vorgefalteten Papierstreifen. Du kannst dafür auch eine neue, konstrastierende Farbe wählen.

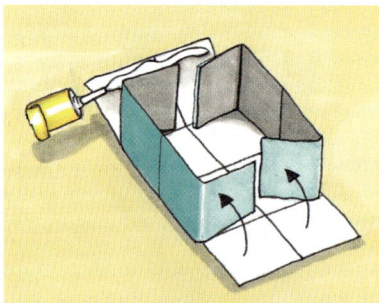

3 Nun faltest du die beiden langen Quadratreihen nach oben und knickst die vier äußeren Quadrate nach innen ein. Klappe die äußeren Rechtecke ebenfalls nach oben und klebe sie mit UHU fest.

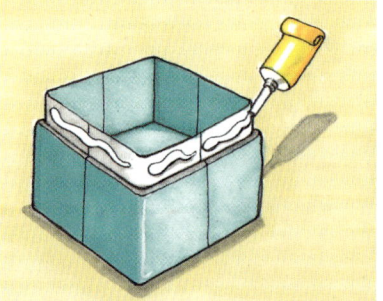

4 Zum Falten der Innenschachtel die rechte Papierseite nach oben legen. Stecke dann die beiden Schachteln ineinander, um die Passform zu überprüfen. Danach die Schachteln verkleben.

Die Hexentreppenspinne

Schwierigkeitsstufe*

Eine Spinnengattung ganz besonderer Art. Um sie zu basteln, verbindest du drei einfache Faltobjekte miteinander: die einfache Schachtel, das Giebelhaus und die nachfolgend vorgestellten Hexentreppen. Nach dem Zusammenkleben der Körperteile klebst du die Spinne auf einen blattförmig zugeschnittenen Karton so auf, als würde sie krabbeln.

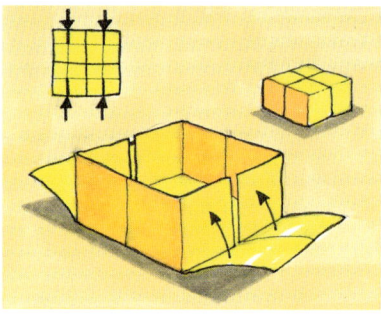

1 Für den Körper faltest du aus dem gelben Quadrat die einfache Schachtel: Ein Mittelkreuz, alle vier Seiten zur Mitte hin einfalten, an zwei Seiten zweimal einschneiden und die Schachtel formen.

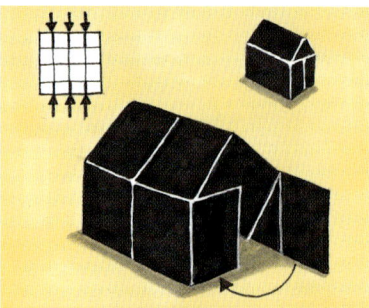

2 Für den Kopf faltest du aus dem schwarzen Quadrat ein Giebelhaus ohne Dach: Ein Mittelkreuz, alle vier Seiten einfalten, an zwei Seiten dreimal einschneiden und das Haus formen.

Du kannst die Spinne auch an einem Wollfaden oder einem Gummifaden aufhängen und ihre Beine baumeln lassen – so richtig schön zum Gruseln.

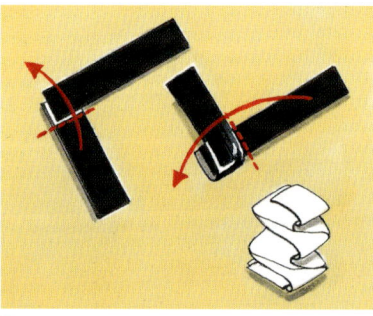

3 Für die Beine legst du jeweils zwei Papierstreifen rechtwinklig übereinander und verklebst die Ecken. Danach faltest du die Streifen abwechselnd übereinander. Die Enden ebenfalls verkleben.

4 Nun klebst du zuerst den Kopf und dann die Beine an den Körper. Zum Schluss zeichnest du noch Augen und Mund auf weißes Papier, schneidest sie aus und klebst sie ebenfalls auf.

Das Faltbüchlein

Schwierigkeitsstufe *

Material

Tonpapier oder Bastelkarton in Gelborange und Blau (DIN-A4-Format)

Reste in Gelb und Grün

Tonkarton in Gelborange

Bleistift; Lineal

Schere

UHU ALLESKLEBER

In dieses Faltbüchlein kannst du deine Lieblingsfotos einkleben oder Adressen und Telefonnummern notieren. Es wird aus einem langen Papierstreifen in der Ziehharmonikatechnik gefaltet. Achte darauf, dass du alle Seiten gleich breit zuschneidest. In den kleinen Lamellentaschen auf der letzten Seite finden Briefmarken oder Sticker Platz.

Du kannst das Büchlein mit einer Banderole zusammenhalten. Klebe zwei 20 x 2 cm lange Tonpapierstreifen aufeinander. Danach schneidest du den Streifen 1,5 cm von jedem Ende entfernt 1 cm tief ein, und zwar auf einer Seite von der Ober-, auf der anderen Seite von der Unterkante aus. Auf diese Weise kannst du die Enden deiner Banderole ineinander schieben.

1 Beginne mit dem gelborangen Papier und falte einen Mittelbruch über die Länge. Öffne das Papier und schneide es am Bruch in zwei Teile. Beide Hälften über die Schmalseite im Mittelbruch falten.

2 Jeweils die schmalen Seiten zum Mittelbruch zurückfalten. Nun klebst du beide Streifen mit UHU zu einem Leporello zusammen; d. h., die Streifen bilden ein Zickzackmuster und sind aufklappbar.

3 Nun schneidest du aus dem gelborangen Tonkarton zwei 10,5 x 7,5 cm große Rechtecke aus und klebst sie flächig auf Vorder- und Rückseite deines Leporellos. Achte darauf, dass Kante auf Kante liegt.

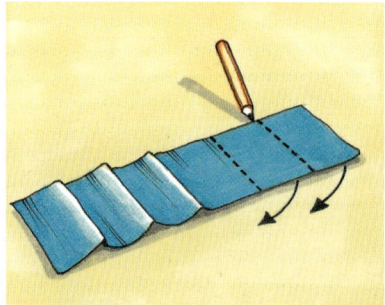

4 Schneide vom blauen Tonpapier einen Streifen von 27 x 6 cm ab. Markiere im Abstand von 3,5 cm Linien mit dem Bleistift. Falte an den angezeichneten Stellen Bergfalten vor.

5 Nun faltest du Lamellen. Falte jede Bergfalte bis auf 1 cm zur nächsten Falte. Auf diese Weise erhältst du auch Talfalten. Klebe das Rechteck innen auf die letzte Seite deines Faltbüchleins.

6 Die kleinen Briefumschläge erhältst du aus 4 x 3,5 cm großen Rechtecken. Falte sie an einer Längsseite 1 cm ein. Schneide vom Falzbruch aus eine Spitze zur Außenkante. Klebe die Umschläge auf.

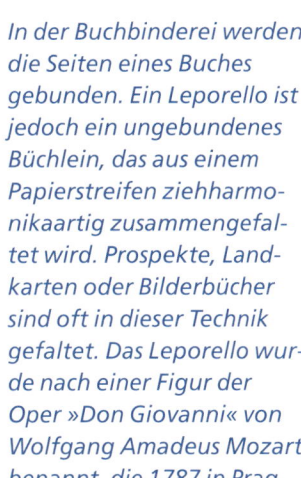

In der Buchbinderei werden die Seiten eines Buches gebunden. Ein Leporello ist jedoch ein ungebundenes Büchlein, das aus einem Papierstreifen ziehharmonikaartig zusammengefaltet wird. Prospekte, Landkarten oder Bilderbücher sind oft in dieser Technik gefaltet. Das Leporello wurde nach einer Figur der Oper »Don Giovanni« von Wolfgang Amadeus Mozart benannt, die 1787 in Prag uraufgeführt wurde.

In dem kleinen Faltbuch sind Briefmarken und Adressen gut aufgehoben.

Himmel und Hölle

... oder »Pfeffer- und Salzfass« gehört wohl zu den ältesten und bekanntesten Faltmodellen überhaupt. Es ist nicht nur einfach zu falten, sondern gleichzeitig auch ein lustiges Spiel. Wenn du Daumen und Zeigefinger jeder Hand in zwei nebeneinander liegende Tüten steckst, kannst du die gefalteten Spitzen in zwei Richtungen öffnen und wieder schließen.

Material

Einfaches Papier, quadratisch (ab 10 x 10 cm)

Tonpapier, quadratisch (ab 15 x 15 cm)

UHU stic

»Himmel und Hölle« spielt ihr mindestens zu zweit. Einer öffnet abwechselnd »Himmel« und »Hölle«, und zwar so oft, bis ein Mitspieler »Stop!« sagt. Nun zeigt ihr ihm die gerade geöffnete Klappe. Wohin wird die Reise für ihn wohl gehen?

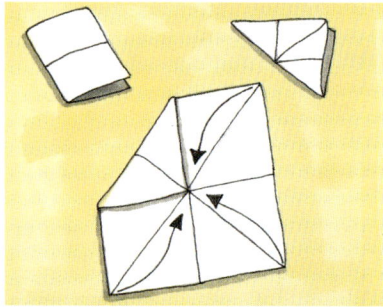

1 Zuerst faltest du ein Mittelkreuz; nach jedem Faltvorgang das Papier wieder aufklappen. Dann faltest du ein diagonales Kreuz; das Papier wieder öffnen. Falte alle Ecken zur Mitte hin ein.

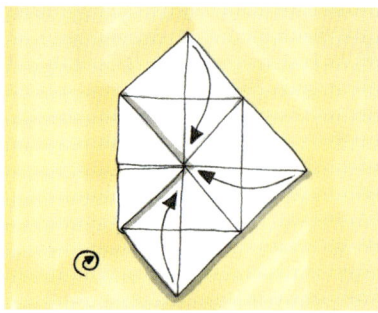

2 Das Papier wenden, so dass die eingefalteten Ecken unten liegen. Nun faltest du alle vier Ecken des neuen Quadrates zur Mitte hin ein. Achte darauf, dass die Seiten nicht überlappen.

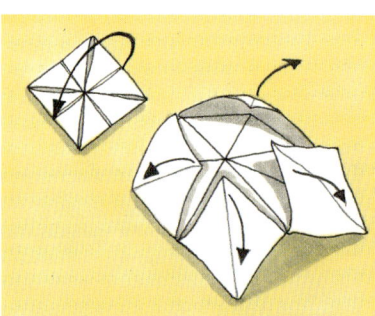

3 Falte eine Seite der Form auf die gegenüberliegende Seite. Nimm die Form so in die Hand, dass der Mittelbruch nach oben zeigt. Drücke mit dem Zeigefinger die losen Papierecken nach außen.

4 Für das Spiel schneidest du aus Tonpapier Kreise in Rot (Hölle) und in Blau (Himmel) aus und klebst sie auf die Innenflächen der Spitzen. Vielleicht möchtest du Himmel und Hölle aber auch aufmalen.

Das Windrädchen

*Schwierigkeitsstufe ***

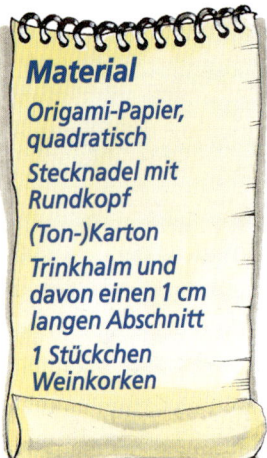

Material

Origami-Papier, quadratisch

Stecknadel mit Rundkopf

(Ton-)Karton

Trinkhalm und davon einen 1 cm langen Abschnitt

1 Stückchen Weinkorken

Die gefalteten Windrädchen werden einfach mit einer Rundkopfsteck-nadel auf einen Trinkhalm aufgesteckt. Wenn du zwischen Halm und Windrad ein 1 cm langes Trinkhalmstück steckst, kann sich das Windrad leichter drehen. Um die Flügel in Form zu halten, steckst du vor dem Windrädchen einen kleinen Kartonkreis auf.

Die meisten Windräder haben leicht nach innen gebogene Flügel, so dass man sie von allen Seiten anpus-ten und zum Drehen brin-gen kann. Die Flügel unserer Windrädchen sind gerade; sie drehen sich nur, wenn du sie von der Seite anpustest. Wenn du die Flügel leicht öffnest, drehen sie sich noch schneller. Also, tief einatmen – und los geht's!

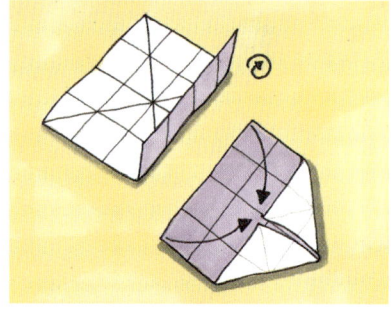

1 Zuerst faltest du ein diagonales Kreuz und ein Mittelkreuz. Danach alle vier Sei-ten zur Mitte hin einfalten. Das Papier aufklappen und wenden. Nun legst du die Ecken zur Mitte hin ein.

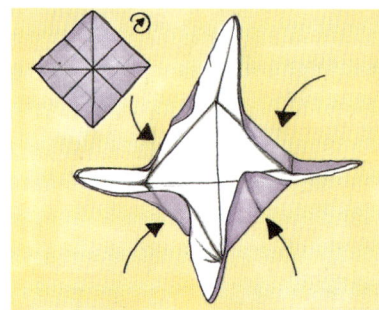

2 Das Papier wieder aufklappen und nochmals wenden. Nun faltest du die seitlichen Flächen zur Mitte hin ein. Drücke die Ecken so zusammen, dass sie im rechten Winkel nach oben zeigen.

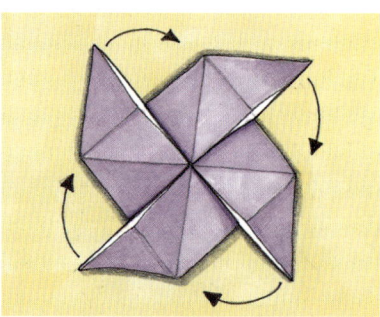

3 Als nächsten Schritt formst du die Flü-gel, indem du die Ecken nacheinander in die gleiche Richtung zur Seite faltest; die offenen Kanten müssen am vorgefalteten Mittelkreuz des Quadrates anliegen.

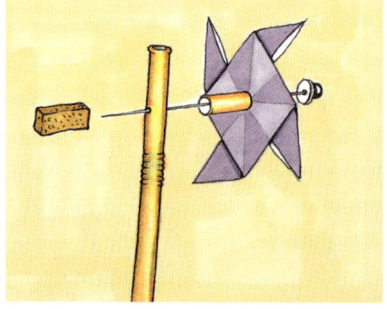

4 Stecke den Kartonkreis, das Windrad und das Trinkhalmstück nacheinander auf die Nadel. Stich diese durch den Trink-halmstab. Abschließend sicherst du die Spitze mit dem kleinen Korkenstück.

Der Segelflosser

Schwierigkeitsstufe **

Material

Origami-Papier, quadratisch

Schere; Bleistift

Geodreieck, um die Papiergröße zu verändern

Mit diesem Fischmodell verwandelst du die Fensterscheibe deines Zimmers in ein leuchtendes Aquarium. Am besten faltest du die Fische aus unterschiedlich großen, verschiedenfarbigen Papierquadraten. Nach dem Falten malst du noch die Augen auf und klebst deine Fische mit doppelseitigem Klebeband oder Fixogum an die Fensterscheibe.

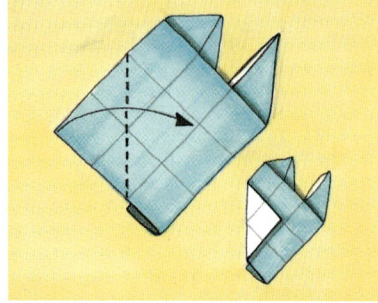

1 Zuerst faltest du das Windrädchen (siehe auch S. 16): diagonales Kreuz, Mittelkreuz; die Seiten und Ecken zur Mitte falten; aus den Ecken heraus die Flügel formen und das Windrädchen wenden.

2 Jetzt hältst du die Form an einer Ecke. Öffne den gegenüberliegenden Flügel und falte die Papierecke nach oben bis zum Mittelpunkt ein; dabei öffnen sich auch die anderen beiden Flügel etwas.

Wenn du für deinen Segelflosser einseitig bedrucktes Origami-Papier verwendest, hebt sich der Kopf deutlich vom Körper ab und schafft so schöne farbliche Kontraste. Du kannst dein Fensteraquarium auch mit aus Papier geschnittenen Pflanzen, Muscheln oder Korallen ergänzen.

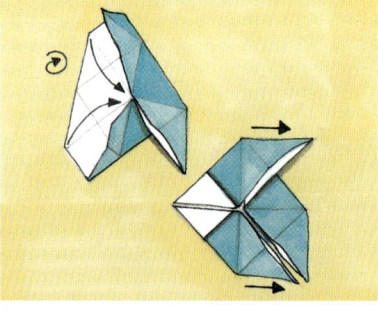

3 Wende die Form. Falte die beiden neu entstandenen Ecken an der Längsseite zur Mitte hin ein. Die obere und untere Flügelspitze faltest du nach hinten und streichst sie glatt.

4 Mit dem letzten Flügel formst du die Schwanzflosse deines Segelflossers. Lege den Flügel nach unten und falte die offene Kante nach oben bis zum diagonal verlaufenden Falzbruch.

Die kleine Cinderella

Schwierigkeitsstufe *

Hier zeigt sich Cinderella in ihrem schönsten Kleid. Natürlich kannst du die Farbe ihres Kleides auch selbst wählen. Vielleicht kombinierst du zwei Blautöne oder verwendest zwei Komplementärfarben. Das Kleid faltest du aus einem großen Papierrechteck in der Ziehharmonikatechnik. Der Kopf wird mit einem Zahnstocher aufgesteckt.

Material

3 Blätter Origami-Papier (19 x 19 cm) in Rot, 2 Blätter in Grün

Tonkarton in Hellbeige

Zahnstocher

Schere

Bleistift; schwarzer Faserstift

Lineal; Bindfaden

UHU ALLESKLEBER

1 Zuerst klebst du die drei roten Blätter aneinander. Danach halbierst du zwei grüne Blätter und klebst drei Hälften an den Schmalseiten aneinander. Zeichne zwei unterschiedliche Wellenlinien auf.

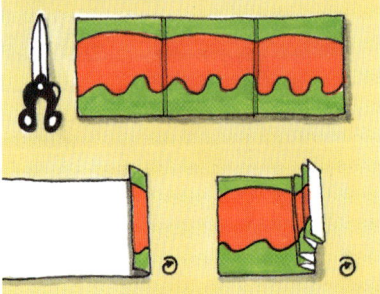

2 Schneide die Formen aus und klebe sie mit UHU seitengleich auf den roten Streifen. Falte das rote Papier in 1 cm breiten Streifen ziehharmonikaartig ein. Für jede Falte wendest du das Papier.

Wenn du anstelle des Zahnstochers einen langen Schaschlikspieß aus Holz verwendest, entsteht eine Stabpuppe. Auf diese Weise kannst du die kleine Cinderella im Kreis tanzen lassen.

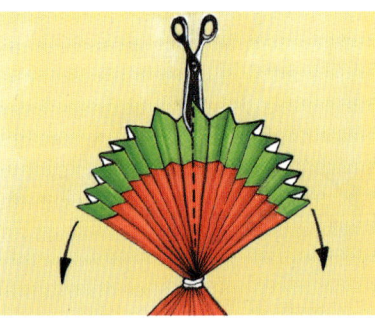

3 Nun misst du an einem Ende 6 cm ab. An dieser Stelle bindest du die Falten mit dem Faden zusammen. Die Falten auffächern und in der Mitte eine Falte bis kurz vor die Bindestelle aufschneiden.

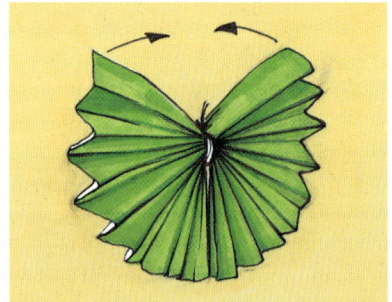

4 Aus einem 36 x 3 cm großen Papierstreifen faltest du die Halskrause und aus einem 36 x 6 cm großen Streifen den Kopfschmuck. Zum Schluss bindest du die Falten in der Mitte ab und fächerst sie auf.

5 Jetzt zeichnest du auf den Tonkarton einen 4 cm großen Kopf und schneidest ihn zweimal aus. Male das Gesicht auf und klebe die Teile mit dem eingeschobenen Zahnstocher zusammen.

6 Zuerst steckst du den Zahnstocher durch die Mitte der Halskrause, dann an der abgebundenen Stelle in das Kleid und auf der Rückseite wieder heraus. Zuletzt klebst du den Kopfschmuck beliebig auf.

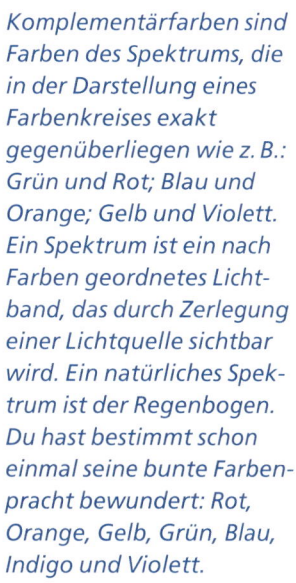

Komplementärfarben sind Farben des Spektrums, die in der Darstellung eines Farbenkreises exakt gegenüberliegen wie z. B.: Grün und Rot; Blau und Orange; Gelb und Violett. Ein Spektrum ist ein nach Farben geordnetes Lichtband, das durch Zerlegung einer Lichtquelle sichtbar wird. Ein natürliches Spektrum ist der Regenbogen. Du hast bestimmt schon einmal seine bunte Farbenpracht bewundert: Rot, Orange, Gelb, Grün, Blau, Indigo und Violett.

Ist sie nicht schön geworden, unsere kleine Cinderella?

Der Katamaran

Schwierigkeitsstufe **

Für dieses Faltprojekt kannst du Origami-Papier verwenden. Wenn du die Technik beherrschst, falte den Katamaran aus Bastelkarton, der etwas schwerer ist als Tonpapier. Dann kannst du ihn auch schwimmen lassen. Der feste Karton saugt das Wasser kaum auf, da er beidseitig glatte (gestrichene) Flächen hat. Nun kann der Törn starten.

Material
Origami-Papier
(z. B. 15 x 15 cm)

Für die Besegelung:
1 Holzstäbchen,
13 cm lang
Weißes Papier,
10 x 10 cm
1 Stückchen
Weinkorken
UHU ALLESKLEBER
Schere

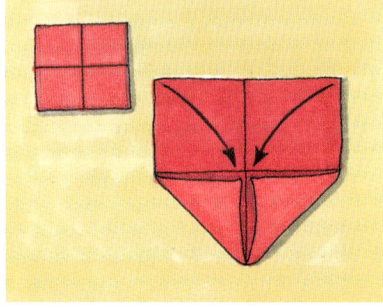

1 Zuerst faltest du ein Mittelkreuz. Das Papier nach jedem Faltschritt wieder öffnen. Danach faltest du alle vier Ecken zum Mittelpunkt hin ein. Achte darauf, dass die Kanten nicht überlappen.

2 Das neue Quadrat im Mittelbruch falten. Achte darauf, dass die Kanten und Ecken genau aufeinander liegen. Falzkanten gut andrücken und die Form wieder zum Quadrat öffnen.

Um den Segelmast stabil zu machen, schneidest du mit einem Messer ein rechteckiges Stück vom Weinkorken heraus. Lege es unter das Boot und stecke das spitze bzw. zugespitzte Mastende hinein.

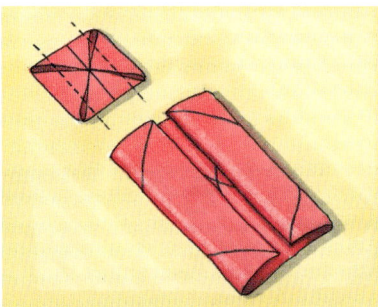

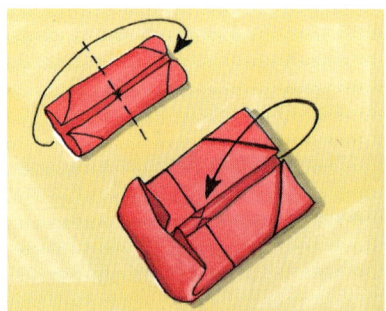

3 Jetzt faltest du zwei Außenkanten nach innen zum Mittelbruch. Lass einen kleinen Abstand frei, damit die Kanten nicht aneinander stoßen. Die Falzkanten gut andrücken.

4 Nun faltest du das Rechteck auf beiden Schmalseiten zur Hälfte ein und klappst es wieder auf. Danach faltest du die beiden schmalen Seiten wieder nach innen zum Mittelbruch.

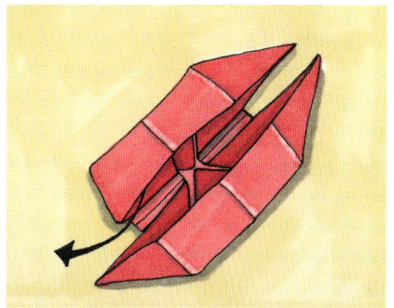

5 Die Ecken der eingefalteten Seiten nun zur äußeren Falzkante zurückfalten, so dass die Spitzen am Mittelbruch anliegen. Die Außenkanten liegen bündig aufeinander. Die Falzkanten gut nachstreichen.

6 Als Nächstes ziehst du mit einer Hand eine der Spitzen aus der Faltung nach außen. Mit der anderen Hand hältst du die anderen Ecken in Form. In gleicher Weise mit den übrigen Spitzen verfahren.

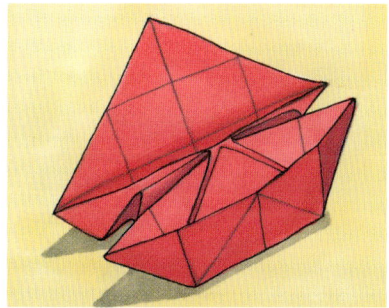

7 Wende die Form und falte sie der Länge nach im Mittelbruch ein. Die Rümpfe liegen exakt aufeinander. Den Bruch gut andrücken. Nun stellst du die Form so auf, dass der Mittelbruch nach oben zeigt.

8 Wenn du jetzt am hinteren Rumpf die lose Ecke vom Mittelpunkt aus nach oben ziehst, erhältst du ein einfaches Segelboot. Falte das Segel wieder ein, um den Katamaran zu gestalten.

Der Katamaran ist ein schneller und eleganter Segler.

Ein Katamaran kann trotz seiner großen Breite schneller segeln als ein Einrumpfboot. Warum? Weil der Katamaran mit seinen zwei schmalen Rümpfen (auch »Schwimmer« genannt) nur einen geringen Reibungs- und Wellenwiderstand überwinden muss.

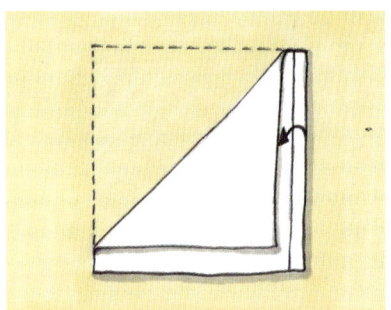

9 Für das Großsegel faltest du eine Ecke des weißen Quadrates mit einem Abstand von knapp 2 cm zur gegenüberliegenden Ecke. Die rechte Außenkante im Mittelbruch nach innen einschlagen.

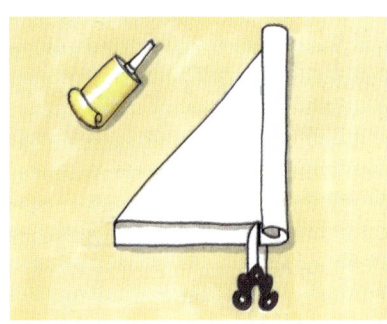

10 Danach faltest du diese eingeschlagene Falte über das Dreieck und klebst sie mit UHU darauf fest. Schneide das Papier entlang dem schmalen Einschlag bis zum unteren Rand des Dreiecks ein.

11 Jetzt kannst du auch die untere Papierkante zuerst bis zum Dreieck, dann über das Dreieck einfalten und aufkleben. Schmücke dein Segel abschließend noch mit einem hübschen Zeichen.

12 Nun schiebst du das Hölzchen durch den Tunnel des Segels. Oben am Mast klebst du ein Fähnchen auf. Stecke den Mast durch die Bootsmitte auf ein Stück Korken; stütze dabei das Boot von unten.

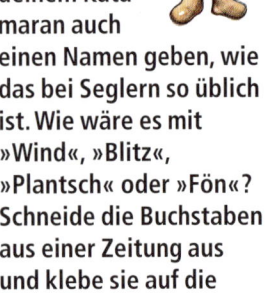

Du kannst deinem Katamaran auch einen Namen geben, wie das bei Seglern so üblich ist. Wie wäre es mit »Wind«, »Blitz«, »Plantsch« oder »Fön«? Schneide die Buchstaben aus einer Zeitung aus und klebe sie auf die Schwimmer.

Das Beerenkörbchen

Schwierigkeitsstufe **

In diesem Beerenkörbchen kannst du wirklich Beeren sammeln. Du brauchst dazu nur etwas stärkeres Papier wie Tonpapier oder Bastelkarton. Aber auch Packpapier und doppelt gelegtes Geschenkpapier eignen sich zum Falten. Vielleicht hast du ein paar Ideen, wie du dein Körbchen zum Schluss noch verzieren kannst.

Material

Papier oder
Tonpapier
(20 x 20 cm)

UHU ALLESKLEBER

Schere

Bleistift; Geodreieck

1 Zuerst faltest du einen waagrechten Mittelbruch. Falte nun auf beiden Seiten als Umschlag die Längsseite 2 cm breit in Richtung Mittelfalz ein. Das Papier wieder öffnen.

2 Nun legst du beide Seiten nacheinander an die zuletzt eingefalteten Falzbrüche und drückst jeweils am Mittelbruch die Mitte leicht mit dem Daumen an. Daraus entstehen die Bodenfalten.

Ein Tipp für den nächsten Kindergeburtstag: Verwandle dein Beerenkörbchen doch in ein Geschenkkörbchen. Schneide in der Form des Körbchens eine Einlage aus Tonpapier, die du an der eingefalteten Seite einschiebst und mit einem Herz verzierst.

3 Danach faltest du das Papier wieder in den Mittelbruch. Den Umschlag nicht einfalten. Als nächsten Schritt faltest du die Ecken am Mittelbruch auf einer Seite bis zum Umschlagfalz ein.

4 Jetzt kannst du den Umschlag wie zuvor wieder einfalten. Die Ecken beider Umschlaghälften faltest du auf die Rückseite. Drücke den Falz nach und klebe die Ecken mit UHU ALLESKLEBER fest.

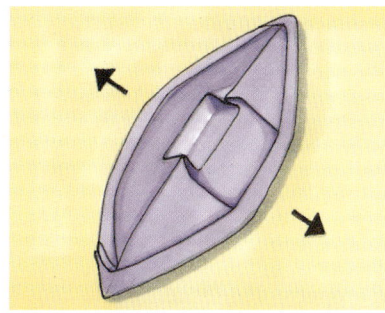

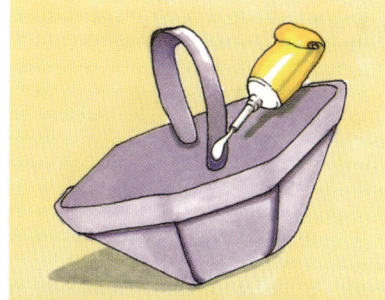

5 Anschließend greifst du mit beiden Händen in die Öffnung und ziehst die Seiten auseinander, so dass du den Boden formen kannst. Die hochstehenden Ecken faltest du zur Bodenmitte.

6 Nun schneidest du noch einen 1,5 cm breiten Henkel in beliebiger Länge und klebst die Enden an die innere Mitte der Seitenwände. Jetzt kannst du dein Körbchen noch beliebig verzieren.

Wusstest du, dass auch an Kartoffelpflanzen Beeren wachsen? Die Kartoffel besteht aus einem unterirdischen und einem oberirdischen Teil. In der Erde wachsen die Knollen, aus der Erde heraus ragt das Grün der Pflanze. Es besteht aus Stängel, Blättern, Blüten und Früchten. Eine Frucht enthält in ihrem Fruchtfleisch viele Samen und wird daher als Beere bezeichnet. Die Früchte oder Beeren sind nicht zum Essen geeignet, sondern dienen ausschließlich der Züchtung neuer Kartoffelsorten.

Du kannst das Beerenkörbchen noch verzieren oder bemalen.

27

Das Teufelchen

Schwierigkeitsstufe ✱✱✱

Material

Origami-Papier
(mindestens
10 x 10 cm) oder
dünnes Geschenk-
papier (quadratisch
zugeschnitten)

Schere; Faserstift

So macht Papierfalten Spaß. Nachdem du die Form gefaltet hast, bläst du sie einfach auf, und – schwupp! – zeigt das Teufelchen seine Hörner. Wenn du die Figur in ihre Ausgangsform zurückfaltest, kannst du sie erneut aufblasen. Für diese Falttechnik solltest du möglichst Origami-Papier oder ein ähnlich dünnes Papiermaterial wählen.

Wenn du das Teufelchen wieder einfalten möchtest, leg es mit dem Gesicht nach vorne und nimm es erneut an den Zipfelchen. Drücke vorsichtig mit dem Zeigefinger oben am Kopf die Form so zusammen, dass sich die diagonalen Falten wieder einlegen. Jetzt faltest du die hochstehenden Spitzen mit der Innenkante zur Mitte hin ein. Danach faltest du die Ecken mit dem diagonalen Faltenbruch in die Ausgangsstellung des Teufelchens ein.

1 Das Papierquadrat liegt mit der linken Seite oben auf dem Tisch. Falte zuerst ein diagonales Kreuz. Die Kanten müssen exakt aufeinander treffen. Das Papier wieder aufklappen und wenden.

2 Nun faltest du einen waagrechten Mittelbruch (Kanten genau aufeinander legen!), dann das Papier wieder aufklappen. Male einen schwarzen Punkt in die Mitte: Das ist die Nasenspitze des Teufelchens.

3 Jetzt nimmst du das Papier links und rechts am Mittelbruch und führst die Kanten nach innen gegeneinander. Dadurch faltest du die jeweils zwei sich gegenüberliegenden diagonalen Kanten aufeinander.

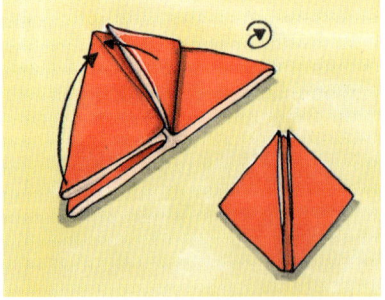

4 Nun legst du das neu entstandene Dreieck mit der Spitze nach oben vor dich hin und faltest die unteren Ecken nach oben an die Spitze. Das Gleiche wiederholst du auf der Rückseite.

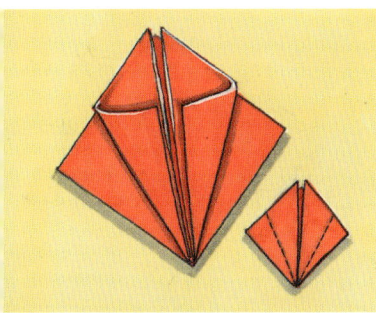

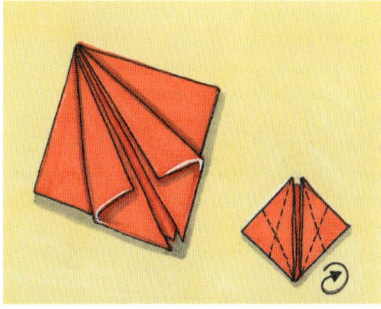

5 Anschließend faltest du die seitlichen Ecken so zur Mitte hin ein, dass du auf der Oberseite eine Drachenform erhältst. Drücke die Falzkante gut an. Danach klappst du die Falte wieder auf.

6 Drehe die Form mit der unteren Spitze nach oben und wiederhole Schritt 5. Die gelegten Falten wieder aufklappen. Anschließend wendest du die Form, so dass die Rückseite oben liegt.

Viele Märchen und Erzählungen handeln vom Teufel und vom Kampf gegen das Böse. Es sind auch viele lustige Geschichten dabei. Vielleicht kennt ihr oder jemand aus eurer Familie eine davon. Bastelt eurem Teufel einen Körper aus Karton und spielt sie einfach nach.

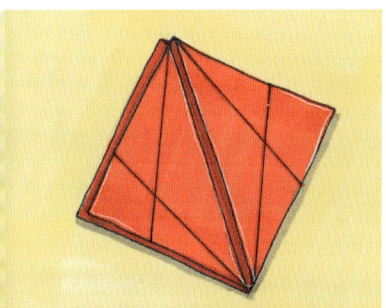

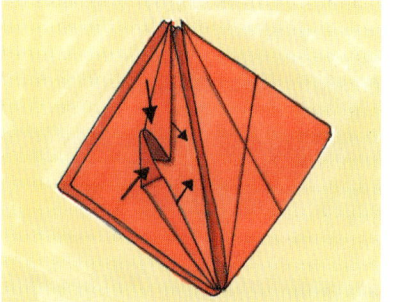

7 Jetzt wiederholst du Schritt 5 bis 6 und faltest auch hier die losen Ecken zweimal zur Mitte hin drachenförmig ein und wieder auf. Beide Seiten sind jetzt auf gleiche Weise vorgefaltet.

8 Hebe die linke Ecke an und drücke die Kanten so zusammen, dass du einen diagonalen Außenfalz an der Ecke erhältst. Falte gleichzeitig die Kanten zur Mitte und ziehe den Falz gründlich nach.

Der Teufel als Handpuppe gehört in jedes Kasperletheater.

Beim Aufblasen darfst du das abgeschnittene Ende nicht direkt in den Mund nehmen! Die Form kann sich dann nämlich nicht entfalten. Wichtig ist auch, dass du die Zipfelchen beim Aufblasen der Form unten dicht zusammenhältst.

Kennst du das Märchen vom Bauer und dem Teufel? Eines Tages versprach ein Teufel einem Bauer einen großen Schatz, wenn er ihm zwei Jahre lang die Hälfte von dem abgebe, was sein Acker hervorbringe. Der Bauer willigte ein und sagte: »Du kannst das bekommen, was über der Erde ist, das in der Erde behalte ich.« Der kluge Bauer säte Rüben. Da die Frucht in der Erde wuchs, ging der Teufel leer aus. Bei der nächsten Ernte wollte nun der Teufel das, was in der Erde ist. »Auch gut«, sagte der Bauer; er säte Weizen. So überlistete der Bauer den Teufel erneut.

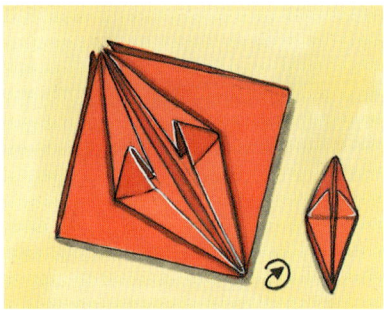

9 Wiederhole Schritt 8 an der rechten Ecke. Falte anschließend beide Zipfelchen nach oben hin ein. Die Kanten müssen exakt an der Mitte liegen. Das Gleiche machst du auf der Rückseite.

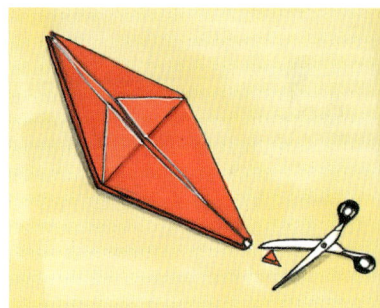

10 Anschließend nimmst du die Form in die Hand und schneidest mit der Schere am nicht markierten Ende ein Stückchen der Spitze ab. Überzeuge dich genau, dass du am richtigen Ende schneidest.

11 Jetzt richtest du alle vier Zipfelchen im rechten Winkel zur Form auf. Nimm deine Teufelchenfigur an zwei Zipfelchen und halte sie mit dem abgeschnittenen Ende an den Mund.

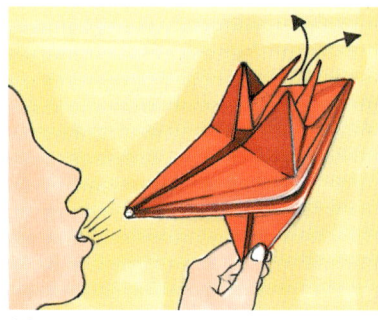

12 Beim Aufblasen der Form solltest du eher kurz pusten als kräftig blasen. Vielleicht benötigst du ein paar Versuche. Dann entfaltet sich die Form, und das Teufelchen zeigt sein wahres Gesicht.

Über die Autorin

Bettina Hansen arbeitet seit 1989 als freie Redakteurin, Grafikerin und Autorin für renommierte Buch- und Zeitschriftenverlage. Im Vordergrund ihrer zahlreichen Veröffentlichungen steht das Basteln, Werken und Gestalten mit verschiedenen Materialien. Ihre Bücher richten sich sowohl an Kinder als auch an Erwachsene.

Bildnachweis

Alle Fotos stammen von Claudia Rehm und Achim Sass, München, mit Ausnahme von: Michael Nagy, München: Titel; Südwest Verlag, München: 29 unten (Angela Francisca Endress); Tony Stone, München: 23 re. (Chris Simpson).

Hinweis

Das vorliegende Buch ist sorgfältig erarbeitet worden. Dennoch erfolgen alle Angaben ohne Gewähr. Weder Autorin noch Verlag können für eventuelle Fehler oder Schäden, die aus den im Buch gegebenen praktischen Hinweisen resultieren, eine Haftung übernehmen.

Impressum

© 1998 Südwest Verlag GmbH in der Verlagshaus Goethestraße GmbH & Co. KG, München

Alle Rechte vorbehalten. Nachdruck – auch auszugsweise – nur mit Genehmigung des Verlags.

Redaktion:
Elisabeth Hammerl
Projektleitung:
Sylvia Wohofsky
Redaktionsleitung:
Nina Andres
Illustrationen:
Susanna Grigoletto
Bildredaktion:
Beate Wagner
Umschlag/Layout:
Manuela Hutschenreiter
DTP/Satz:
Mihriye Yücel
Produktion:
Manfred Metzger
Druck: Color-Offset, München
Bindung: R. Oldenbourg, München
Printed in Germany

Gedruckt auf chlor- und säurearmem Papier

ISBN 3-517-07706-2